Nuestro Sistema Solar

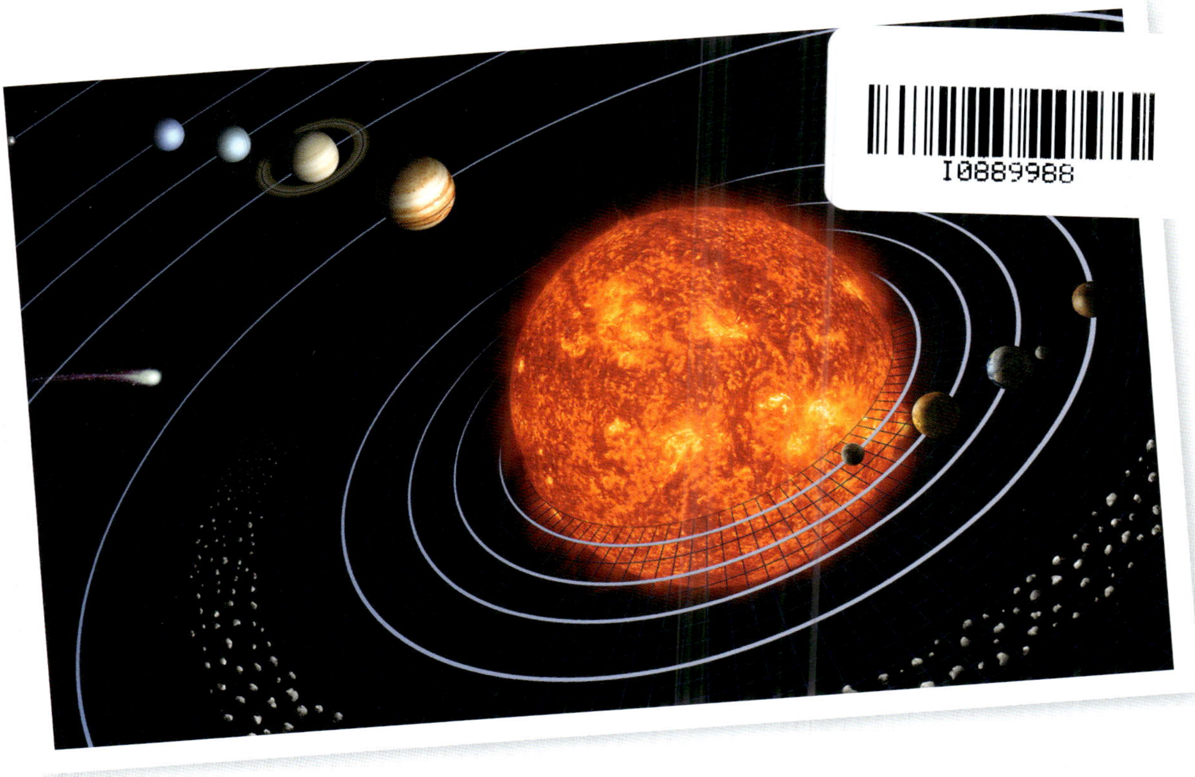

By: Arnhilda Badía
Luana Mitten, Editor

MTS Designs, Inc.

Rourke
Educational Media
www.rourkeeducationalmedia.com

© 2012 Rourke Educational Media

Nuestro Sistema Solar

Vivimos en un Sistema Solar compuesto por estrellas, planetas y sus **satélites**, **planetas enanos** y otros **cuerpos celestes**. El Sol es el centro de nuestro Sistema Solar.

Nuestro Sistema Solar está ubicado en la **galaxia** llamada Vía Láctea. Todo lo que existe en nuestro Sistema Solar, incluyendo la Tierra, forma parte de la Vía Láctea.

Nuestro Sistema Solar está formado por ocho planetas que **orbitan** alrededor del Sol. Los planetas están divididos en dos grupos. En el primer grupo se encuentran Júpiter, Saturno, Urano y Neptuno. A este grupo se le llama **gigantes gaseosos** porque son planetas inmensos y están compuestos en su mayor parte de gas.

En el segundo grupo están Mercurio, Venus, La Tierra y Marte. A este grupo se le llama **planetas terrestres** porque tienen una superficie rocosa compacta. Los **planetas terrestres** son más pequeños que los **gigantes gaseosos**.

Anteriormente, Plutón era conocido como el planeta más pequeño de nuestro Sistema Solar y el noveno planeta en relación al Sol. Hoy Plutón es considerado un **planeta enano**. Un **planeta enano orbita** alrededor del Sol como otros planetas, pero es mucho más pequeño.

El Sol

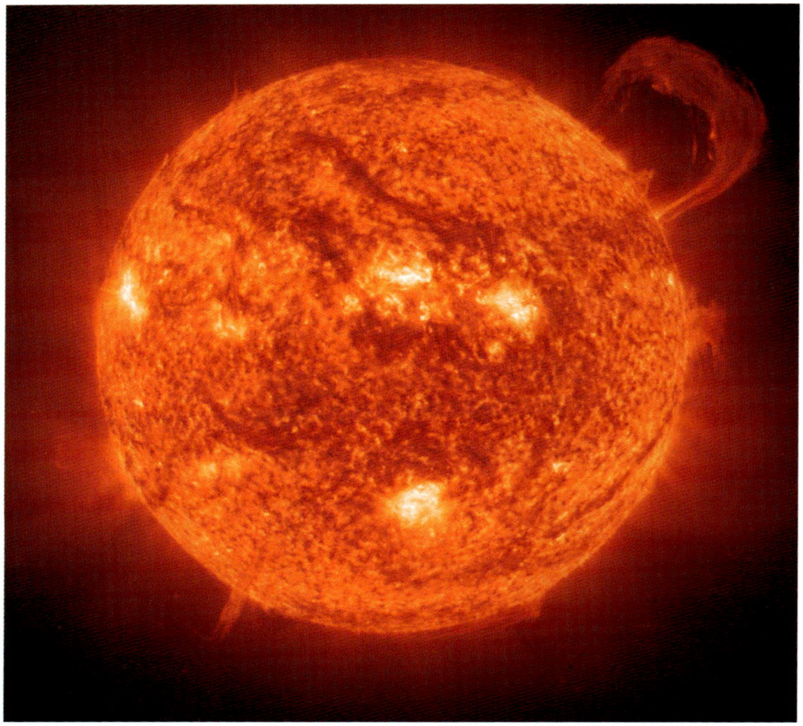

El Sol es una estrella. Es el cuerpo más grande en nuestro Sistema Solar. El Sol es una bola caliente de gases resplandecientes en el centro de nuestro Sistema Solar. Sin la energía y el calor del Sol, no habría vida en la Tierra.

Hay miles de millones de estrellas como nuestro Sol **esparcidas** en toda la **galaxia** Vía Láctea.

La Luna

Un **satélite** natural, o luna, es un **cuerpo celeste** que **orbita** alrededor de un planeta o de un cuerpo más pequeño. De los planetas internos, Mercurio y Venus no tienen lunas. Marte tiene dos lunas diminutas. Los planetas **gigantes gaseosos** tienen numerosas lunas.

La Luna es el **satélite** natural de la Tierra, y **orbita** alrededor de la Tierra a una distancia de 238,857 millas (384,393 kilómetros) y tiene un diámetro de 2,160 millas (3,476 kilómetros). La Luna es el único **satélite** al que los seres humanos han llegado.

Cuando observas el cielo de noche, frecuentemente puedes ver la Luna. Si la miras por varias noches, notarás que cambia de forma. A veces puede parecer un círculo y otras veces solo se ve parte de este círculo.

Aunque la Luna parezca cambiar de forma, en realidad no lo hace. Lo que cambia es la cantidad de luz solar que refleja la Luna. Nosotros solo vemos la parte que está **iluminada**. Las diferentes formas que vemos de la Luna se llaman **fases** lunares. La Luna pasa por un ciclo de ocho **fases** que se repiten cada 29.5 días.

La Tierra

La Tierra es el tercer planeta en relación al Sol. El diámetro de la Tierra es de 7,926 millas (12,756 kilómetros). Es el quinto planeta de mayor dimensión entre los ocho planetas del Sistema Solar. A veces se le llama el Planeta Azul, o por su nombre en latín, Terra.

Vivimos en el planeta Tierra. La abundancia de agua hace que la Tierra sea única en nuestro Sistema Solar. Es también el único planeta que conocemos donde existen seres vivientes. Hay casi siete mil millones de personas que viven en el planeta Tierra. Aproximadamente el 30% de la superficie terrestre está cubierta de tierra, mientras que el agua ocupa cerca del 70%.

Glosario

cuerpos celestes: objetos naturales visibles en el cielo.

esparcidas (del verbo esparcir): que están separadas y extendidas en diferentes direcciones.

fase/s: la apariencia de la porción iluminada de la Luna que podemos observar desde la Tierra.

galaxia: sistema de millones de estrellas, planetas, polvo interestelar, gases y partículas que mantienen una interacción gravitacional.

gigantes gaseosos: planetas inmensos que están compuestos principalmente de gas, no de materia sólida o rocosa.

iluminada (del verbo iluminar): que recibe la luz del Sol.

orbita/orbitan (del verbo orbitar): que se traslada en una trayectoria alrededor de una estrella, planeta, o luna.

planeta enano: cuerpo celeste que orbita alrededor del Sol y tiene suficiente masa para ser esférico como resultado de su propia gravedad; pero no ha limpiado de sus proximidades otros elementos interplanetarios y no es un satélite.

planetas terrestres: planetas compuestos principalmente de rocas de silicato y/o metales.

satélite: cuerpo celeste o luna que orbita alrededor de un planeta.